J'ai été baptisé(e) le.......................... dans l'église..
Mon parrain s'appelle ....
Ma marraine s'appelle ....

J'ai fait ma première communion
le .... dans l'église...
Ma famille était présente à mes côtés.
Il y avait ....
....

Ce jour-là, j'ai reçu le corps de Jésus
pour la première fois.
Désormais, je pourrai le recevoir tout au long de ma vie.

Direction : Guillaume Arnaud
Direction éditoriale : Sarah Malherbe, Sophie Cluzel
Édition : Pauline Trémolet, assistée de Clara Vallois
Direction artistique : Élisabeth Hebert, assistée de Coralie Ibagnes
Fabrication : Thierry Dubus, Sabine Marioni

Nihil obstat, Père Michel Dupuy, le 18 janvier 2011
Imprimatur, Père Michel Dupuy, le 18 janvier 2011

www.mameeditions.com
ISBN : 978-2-7289-1387-9
MDS : 531141

J'ai reçu Jésus

Mon livre de communion

Texte de Sophie de Mullenheim
Illustrations d'Émilie Vanvolsem

MAME

Sommaire

Des prières pour toute la vie

Recevoir Jésus

Tu viens de communier pour la première fois. Bravo ! À la maison, c'est la fête. Tout le monde se réjouit pour toi et t'offre des cadeaux. Mais le plus beau cadeau, c'est celui que tu viens de recevoir : le corps de Jésus, sous la forme du pain.

Tu as peut-être encore du mal à comprendre tout cela et c'est normal : même les grandes personnes, même les très grands croyants ne comprennent pas toute la richesse de cet immense cadeau.

Pourtant, il est important de bien recevoir Jésus à chaque fois. Tout le déroulement de la messe t'aide à préparer ton cœur pour accueillir Jésus en toi et former, avec les autres chrétiens, un seul Corps, celui du Christ.

N'oublie pas : maintenant, Jésus t'attend chaque dimanche !

Me voici, Seigneur !

Chaque dimanche, Jésus nous invite à le recevoir. Nous devrions toujours avoir le cœur en fête ! Mais certaines fois, nous sommes fatigués, nous avons le cœur ailleurs, nous n'avons pas envie de répondre à son invitation.

Si un jour cela t'arrive, dis-toi que tu as beaucoup de chance de pouvoir aller à la messe. Certains ne peuvent pas y aller parce qu'ils sont malades, parce qu'il n'y a pas de prêtre près de chez eux. Et dans certains pays, la messe est interdite ! Pour te donner du courage, porte toutes ces personnes dans ta prière. Souviens-toi, par exemple, de saint Jean-Marie Vianney : à ton âge, il risquait sa vie pour aller à la messe. Il avait compris qu'il venait rencontrer Jésus pour puiser la force de lui ressembler.

Le petit Jean-Marie Vianney et sa famille avancent dans la nuit noire. À tout moment, des soldats peuvent surgir et les arrêter. C'est dangereux mais Jean-Marie a un rendez-vous si important qu'il ne veut pas le rater. Dans une grange cachée au fond des bois, un prêtre va célébrer la messe !

C'est la Révolution. Les messes sont interdites. Mais certains continuent de s'y rendre en cachette car ils ne peuvent pas se passer de ce précieux trésor. Jean-Marie est de ceux-là. Plus tard, il choisira de devenir prêtre pour, à son tour, donner Jésus aux autres. Il deviendra le saint Curé d'Ars.

Seigneur, prends pitié !

Au début de la messe, écoute bien. Nous demandons au Seigneur de nous pardonner nos péchés.

En reconnaissant que nous ne sommes pas parfaits et que nous faisons des péchés, nous nous faisons tout petits sous le regard de Dieu. Nous accueillons son pardon et notre cœur est plus disposé à le recevoir. Celui qui est trop sûr de lui a le cœur encombré par ses exploits. Il n'y a plus de place pour y laisser entrer Jésus. Comme le bon larron de l'Évangile, il faut apprendre à reconnaître nos fautes, nos péchés, pour découvrir que Jésus vient nous pardonner et nous sauver.

Sur les pas du bon larron

Un des deux bandits crucifiés aux côtés de Jésus découvre avant de mourir que sa vie a été laide et mauvaise. Quand il voit Jésus qui n'a jamais fait de mal et qui accepte de mourir par amour, il se sent soudain tout petit. Son péché l'étouffe.

Mais ce bon larron a foi dans l'amour du Seigneur : il lui demande pardon. Jésus entend cet homme qui voit sa faute et veut changer son cœur. Le bon larron va mourir mais il n'est jamais trop tard. Jésus lui pardonne et lui ouvre directement les portes du Paradis !

Gloria in excelsis Deo !

Quand nous avons compris que Dieu nous aime d'un si grand amour qu'il nous pardonne malgré toutes nos faiblesses, quelle joie ! Le cœur rempli de reconnaissance, nous chantons la gloire de Dieu et nous l'adorons.

Les paroles du Gloire à Dieu reprennent celles des anges la nuit de Noël. Grâce à elles, tu peux dire tout ton amour au Seigneur. Tu peux le remercier de venir, aujourd'hui, se faire si petit pour se donner à toi dans le pain de l'eucharistie. Tu peux l'adorer, comme les bergers ont adoré l'Enfant Jésus, si fragile.

Sur les pas des bergers de Béthléem

La nuit de Noël, les anges sont apparus aux bergers qui gardaient leur troupeau non loin de la crèche. Ils venaient leur annoncer une grande nouvelle : « Le sauveur que le peuple d'Israël attend vient de naître. Dieu nous a donné son Fils. Qu'il soit béni ! » Alors les anges ont chanté pour acclamer Dieu : « Gloire à Dieu au plus haut des cieux, et paix sur la terre aux hommes qu'il aime. » Par leur chant de louange, ils invitaient les bergers, et tous les hommes, à remercier Dieu pour la venue de son Fils Jésus sur la Terre.

Seigneur, ta Parole est vivante

À chaque messe, tu entends la Parole de Dieu, comme les Apôtres qui suivaient Jésus. Écoute bien ce que lisent les lecteurs puis le prêtre, c'est pour toi ! Si tu fais attention, il y a toujours une phrase, un petit passage qui te parle plus que les autres. Cette phrase est un message de Dieu pour toi. Garde-la dans ton cœur, répète-la pour bien la comprendre. Elle aussi te prépare à recevoir Jésus et à suivre son exemple.

Sur les pas des Apôtres

Avec saint Pierre, nous pouvons dire :
« Tu es le Messie, le Fils du Dieu vivant ! »
Matthieu 16, 16.

À ceux qui sont tristes, Jésus dit :
« Heureux ceux qui pleurent : ils seront consolés ! »
Matthieu 5, 5.

Jésus donne le plus beau des commandements :
« Aimez-vous les uns les autres comme je vous ai aimés. »
Jean 15, 12.

Le Christ apprend la douceur à ceux qui sont en colère : « Je vous dis de ne pas riposter au méchant. »
Matthieu 5, 38.

Et quand on se sent seul, Jésus dit : « Et moi, je suis avec vous tous les jours jusqu'à la fin du monde. »
Matthieu 28, 20.

Aimer, c'est s'offrir soi-même

Au moment de l'offertoire, nous apportons le pain et le vin. Le prêtre dit qu'ils sont « le fruit de la terre et du travail des hommes ». Dieu nous a confié la Terre depuis la Création.

À travers le pain et le vin que nous offrons à la messe, c'est Jésus lui-même qui s'offre et toute notre vie que nous présentons à Dieu : nos joies, nos peines, nos efforts, nos jeux... Même de toutes petites choses sont importantes à ses yeux, n'hésite pas à lui en faire cadeau, comme l'a fait sainte Thérèse de Lisieux.

Sur les pas de sainte Thérèse de Lisieux

Thérèse a quinze ans quand elle entre au Carmel. Elle veut donner sa vie à Jésus. Pour cela, elle comprend qu'il n'est pas nécessaire de partir à l'autre bout du monde mais qu'il suffit de faire chaque chose avec beaucoup d'amour en disant au Seigneur : « C'est pour toi. » En mettant chaque minute, chaque pensée, chaque action, sous le regard du Seigneur, elle lui offre toute sa vie. C'est la très grande sainte des toutes petites choses.

Vous ferez cela en mémoire de moi

La veille de sa Passion, sachant qu'il allait bientôt les quitter, Jésus souhaita célébrer un dernier repas avec ses disciples. Il fit préparer une salle pour fêter la Pâque selon la tradition juive.

Les disciples gardèrent dans leur cœur ses paroles et ses gestes. Puis ils les répétèrent ainsi que Jésus le leur avait demandé, c'est ainsi qu'est née la messe. Alors le Seigneur resta présent à jamais au milieu des hommes à travers son corps, son sang et son Église.

La nuit même où il fut livré, il prit le pain, en te rendant grâce il le bénit, il le rompit et le donna à ses disciples, en disant : « Prenez, et mangez-en tous : ceci est mon corps livré pour vous. » De même, à la fin du repas, il prit la coupe, en te rendant grâce il la bénit, et la donna à ses disciples, en disant : « Prenez, et buvez-en tous, car ceci est la coupe de mon sang, le sang de l'Alliance nouvelle et éternelle, qui sera versé pour vous et pour la multitude en rémission des péchés. Vous ferez cela, en mémoire de moi. »

Si précieux pain !

Comment recevoir le corps de Jésus ? Comme un trésor, comme ce que tu as de plus précieux !

Reçois-le dans tes mains jointes, la main droite soutenant la main gauche, pour lui faire un trône, ou dans la bouche. Puis tu réponds fièrement : « Amen », car tu es fier de dire : « Je crois. » Oui, tu crois que ce morceau de pain si petit, c'est Jésus qui t'aime d'un amour si grand !

Sur les pas de saint Tarcisius

Il y a très longtemps, le jeune Tarcisius allait porter la communion à des chrétiens. Il tenait le corps du Christ précieusement au creux de ses mains. Mais des jeunes gens voulurent savoir ce qu'il portait là, avec tant d'égard. Serait-ce un trésor, une pièce d'or ? Ils exigèrent que Tarcisius leur montre ce qu'il cachait. Tarcisius craignait qu'ils ne respectent pas le corps de Jésus. Ils risquaient de le jeter ou de le piétiner. Il refusa donc d'ouvrir les mains. Furieux, les jeunes le battirent à mort mais les mains de Tarcisius ne s'ouvrirent jamais. Il avait offert sa vie pour protéger son trésor, Jésus hostie.

Merci, Seigneur !

Quelle chance tu as ! Dieu t'aime si fort qu'il s'est fait tout petit pour venir au plus profond de toi et y déposer tout son amour. Il aurait pu venir en fanfare ou en force pour nous impressionner et nous forcer à croire en lui. Il a préféré la discrétion d'un morceau de pain pour que nous soyons libres de l'aimer.

En communiant, tu as choisi de dire « oui » à Jésus. Dans ta prière après la communion, demande à la Vierge Marie de t'aider à tenir ton « oui » toute ta vie, comme elle a su dire oui.

Sur les pas de la Vierge Marie

À Nazareth, Marie est heureuse. Dans quelque temps, elle va épouser Joseph, un homme de la famille de David. Mais voilà que Dieu va bouleverser sa vie...

Un jour, en effet, un ange apparaît à Marie. Il lui dit alors : « Je te salue, Comblée-de-grâce. » Le Seigneur t'a choisie pour être la mère de son Fils, le Sauveur, celui que le peuple d'Israël attend.

Marie est libre de repousser cet ange et de ne pas le croire mais elle aime Dieu de tout son cœur et elle lui fait confiance. Alors, sans hésiter, elle répond : « Voici la servante du Seigneur ; que tout se passe pour moi selon ta parole. »

Allez dans la paix du Christ

Après avoir communié, tu n'es plus tout à fait le même. Jésus vit à travers toi. Pour adorer le corps de Jésus, on place l'hostie consacrée dans un ostensoir, une sorte de soleil magnifique. Mais le plus bel ostensoir, c'est toi ! Tu portes Jésus en toi et tu le montres aux hommes. Essaye alors de ressembler le plus possible à Jésus, comme Dominique Savio qui, à ton âge, rayonnait de son amour et donnait aux autres enfants l'envie de le connaître davantage.

Sur les pas de saint Dominique Savio

Le jour de sa première communion, Dominique Savio écrit ses résolutions : « Je me confesserai très souvent et je communierai toutes les fois que cela me sera permis, mes amis seront Jésus et Marie et j'essayerai de fuir les péchés. » Dominique rêve de devenir un saint et de montrer Jésus aux autres par son attitude. C'est pour cela qu'il s'efforce de tout faire avec joie et en gardant le sourire. Dominique meurt à quatorze ans mais son rayonnement a touché le cœur des hommes. L'Église le déclare saint. Son rêve s'est réalisé !

Pardon, mon Dieu

Pendant la messe, nous regrettons nos péchés mais pour que notre relation avec le Seigneur redevienne belle, nous devons aller le trouver pour lui demander vraiment pardon. C'est le sacrement de réconciliation.

Avant de te confesser, prépare-toi en réfléchissant aux péchés que tu as faits. Y penser avant, c'est déjà vouloir ne plus recommencer.

Une confession est belle si tu regrettes vraiment le mal que tu as fait et si tu as le désir de mieux faire. Ce n'est pas facile. Nous répétons sans cesse les mêmes fautes. Mais le Seigneur est là pour nous aider à progresser.

Commence ta confession par un signe de croix et dis : « Bénissez-moi mon père parce que j'ai péché. »
Puis, tu énumères tes péchés. Le prêtre te guidera sans doute pour t'aider à t'améliorer ensuite.

Termine ta confession en récitant l'acte de contrition. Alors, le prêtre te donne sa bénédiction et te pardonne au nom du Père, du Fils et du Saint-Esprit. Te voici comme neuf ! Le Seigneur a effacé toutes tes fautes !

« Lave-moi et je serai blanc, plus que la neige. »
Psaume 50.

Ô Jésus, je t'adore !

En communiant, nous reconnaissons que l'hostie consacrée, c'est Jésus lui-même. L'hostie est précieuse et digne d'être adorée. Voilà pourquoi on propose des temps d'adoration où le corps de Jésus, le Saint-Sacrement, est exposé devant nous.

Il est souvent plus facile de parler avec une personne quand elle est en face de nous. Dans l'adoration, tu es face à Jésus pour pouvoir lui parler simplement et le prier.

Sur les pas des pèlerins

En 1885, à la basilique de Montmartre à Paris, un prêtre pose sur l'autel un ostensoir au cœur duquel repose le Saint-Sacrement. Quelques pèlerins sont là qui prient et adorent Jésus présent. Petit à petit d'autres les rejoignent. Puis, les premiers s'en vont et des nouveaux arrivent. Dehors, la nuit est tombée et pourtant, il y a toujours quelqu'un devant le Saint-Sacrement. Depuis plus de 125 ans, il ne s'est jamais retrouvé seul ! L'adoration perpétuelle se poursuit, créant un formidable élan de prière pour les hommes et le monde.

Des prières pour toute la vie

Notre Père

Notre Père qui es aux cieux,
que ton nom soit sanctifié,
que ton règne vienne,
que ta volonté soit faite
sur la terre comme au ciel.

Donne-nous aujourd'hui
notre pain de ce jour.
Pardonne-nous nos offenses,
comme nous pardonnons aussi
à ceux qui nous ont offensés.

Et ne nous soumets pas à la tentation,
mais délivre-nous du mal.
Amen.

Gloria

Gloire à Dieu au plus haut des cieux,
et paix sur la terre aux hommes qu'il aime.
Nous te louons, nous te bénissons,
nous t'adorons,
nous te glorifions, nous te rendons grâce,
pour ton immense gloire,
Seigneur Dieu, Roi du ciel,

Dieu le Père tout-puissant.
Seigneur, Fils unique, Jésus Christ,
Seigneur Dieu, Agneau de Dieu,
le Fils du Père ;
Toi qui enlèves le péché du monde,
prends pitié de nous ;
Toi qui enlèves le péché du monde,
reçois notre prière ;
Toi qui es assis à la droite du Père,
prends pitié de nous.
Car toi seul es saint,
Toi seul es Seigneur,
Toi seul es le Très-Haut : Jésus Christ,
avec le Saint-Esprit
Dans la gloire de Dieu le Père. Amen.

Symbole des Apôtres

Je crois en Dieu, le Père tout-puissant,
créateur du ciel et de la terre.
Et en Jésus Christ, son Fils unique,
notre Seigneur,
qui a été conçu du Saint-Esprit,
est né de la Vierge Marie,
a souffert sous Ponce Pilate,
a été crucifié, est mort et a été enseveli,

est descendu aux enfers,
le troisième jour est ressuscité des morts,
est monté aux cieux,
est assis à la droite de Dieu
le Père tout-puissant,
d'où il viendra juger les vivants et les morts.

Je crois en l'Esprit Saint,
à la sainte Église catholique,
à la communion des saints,
à la rémission des péchés,
à la résurrection de la chair,
à la vie éternelle.
Amen.

Litanie des saints

Vous, les saints qui nous avez précédés
dans la foi,
Priez pour nous.
Sainte Marie, sainte Mère de Dieu,
et saint Joseph son époux,
Priez pour nous.

Saint Michel, saint Gabriel, saint Raphaël
et tous nos saints anges gardiens,
Priez pour nous.
Sainte Anne et saint Joachim,
Priez pour nous.
Sainte Élisabeth et saint Zacharie,
Priez pour nous.
Saint Jean-Baptiste,
Priez pour nous.
Saint Pierre et saint Paul,
Priez pour nous.
Tous les Apôtres du Seigneur,
Priez pour nous.

Cite maintenant ton saint patron et tous les saints de ta famille, de tes parrain et marraine.

Vous tous, saints et saintes de Dieu,
Priez pour nous.

Je vous salue, Marie

Je vous salue, Marie, pleine de grâce ;
le Seigneur est avec vous ;
vous êtes bénie entre toutes les femmes ;
et Jésus,
le fruit de vos entrailles, est béni.

Sainte Marie, Mère de Dieu,
priez pour nous, pauvres pécheurs,
maintenant et à l'heure de notre mort.
Amen.

Magnificat

Mon âme exalte le Seigneur,
exulte mon esprit en Dieu, mon Sauveur !

Il s'est penché sur son humble servante ;
désormais, tous les âges me diront bienheureuse.

Le Puissant fit pour moi des merveilles ;
Saint est son nom !

Son amour s'étend d'âge en âge
sur ceux qui le craignent.

Déployant la force de son bras,
il disperse les superbes.

Il renverse les puissants de leurs trônes,
il élève les humbles.

Il comble de biens les affamés,
renvoie les riches les mains vides.

Il relève Israël, son serviteur,
il se souvient de son amour,

de la promesse faite à nos pères,
en faveur d'Abraham et de sa race, à jamais.

Gloire au Père, et au Fils,
et au Saint-Esprit,
pour les siècles des siècles. Amen.

Acte d'Espérance

Mon Dieu, j'espère avec une ferme confiance
que tu me donneras,
par les mérites de Jésus Christ,
ta grâce dans ce monde
et le bonheur éternel dans l'autre,
parce que tu l'as promis
et que tu tiens toujours tes promesses.

Acte de Foi

Mon Dieu, je crois fermement
tout ce que tu as révélé
et que tu nous enseignes par ton Église
parce que tu ne peux ni te tromper
ni nous tromper.

Acte de Charité

Mon Dieu, je t'aime de tout mon cœur,
et par-dessus toutes choses,
parce que tu es infiniment bon,
et j'aime mon prochain comme moi-même
pour l'amour de toi.

Prière à l'Esprit Saint

Viens, Esprit Saint, en nos cœurs
et envoie du haut du ciel
un rayon de ta lumière.

Viens en nous, père des pauvres,
viens, esprit généreux,
viens, lumière de nos cœurs.

Ô lumière bienheureuse,
viens remplir jusqu'à l'intime
le cœur de tous tes fidèles.

Lave ce qui est souillé,
baigne ce qui est aride,
guéris ce qui est blessé.

Assouplis ce qui est raide,
réchauffe ce qui est froid,
rends droit ce qui est faussé.

À tous ceux qui ont la foi
et qui en toi se confient,
donne tes sept dons sacrés.

Donne mérite et vertu,
donne le salut final,
donne la joie éternelle. Amen.

Prière après la communion

Jésus, je crois.
Ce morceau de pain, je sais que c'est toi.
Merci Seigneur de venir habiter en moi.
Rends-moi fort et donne-moi ton amour.

Jésus, je t'adore.
Tu es mon Seigneur et mon Dieu.
Aide-moi à me montrer digne de toi.
Garde mon cœur toujours prêt à t'accueillir.

Jésus, j'espère en toi.
Tu es toujours à mes côtés.
Donne-moi de ne jamais t'oublier
Et de toujours te rester fidèle.

Prière à Jésus, Agneau de Dieu

Jésus, Agneau de Dieu,
Toi qui connais chacun de nos péchés,
Prends pitié de nous.
Aide-nous à vouloir être des saints
Pour la gloire de ton nom.

Jésus, Agneau de Dieu,
Toi qui as donné ta vie pour nous,
Prends pitié de nous.
Apprends-nous à nous aimer les uns
les autres
Comme tu nous as aimés.

Jésus, Agneau de Dieu,
Toi qui nous as envoyé ton Esprit,
Donne-nous la paix.
Garde nos cœurs dans la joie
En attendant ton retour.

Prière devant le Saint-Sacrement

Jésus est présent dans l'hostie de l'ostensoir.
Il nous offre de pouvoir le contempler et l'adorer.

Je t'adore avec amour, ô Dieu caché,
Réellement présent dans cette hostie ;
Mon cœur se donne à toi tout entier,
Car en te contemplant, il déborde de bonheur.

Je ne vois pas tes plaies,
Comme saint Thomas,
Je proclame pourtant que tu es mon Dieu.
Fais que je croie toujours plus en toi,
Que j'espère en toi et que je t'aime.

D'après saint Thomas d'Aquin

Prière du matin

Je me tourne vers toi, Seigneur,
au matin, tu écoutes ma voix ;
au matin, je me prépare pour toi
et je reste en éveil.

Psaume 5

Prière du soir

Sauve-nous, Seigneur,
Quand nous veillons.
Garde-nous, Seigneur,
Quand nous dormons.
Et nous veillerons avec le Christ
Et nous reposerons en paix.

Prière à son ange gardien

Ange gardien,
douce compagnie,
ne me quitte pas
ni le jour ni la nuit.

S'il te plaît

J'appelle de tout mon cœur, réponds-moi.
Je t'appelle, Seigneur, sauve-moi.
Je t'implore, j'espère en ta parole.
Dans ton amour, Seigneur, écoute ma voix.

D'après le psaume 118

Merci

Merci Seigneur pour tous tes bienfaits,
Garde nos âmes dans la paix
Et que nos cœurs joyeux
Te chantent à tout jamais.

Pardon

Pitié pour moi, mon Dieu,
Dans ton amour, efface mon péché.
Lave-moi tout entier de ma faute,
Contre toi, et toi seul, j'ai péché,
Ce qui est mal à tes yeux, je l'ai fait.
Purifie-moi, et je serai pur ;
Lave-moi et je serai blanc, plus que la neige.

Psaume 50, 3.6.9

Je t'aime

Dieu, tu es mon Dieu,
Je te cherche dès l'aube.
Toute ma vie je vais te bénir,
Lever les mains en invoquant ton nom.
La joie sur les lèvres, je dirai ta louange.

Psaume 62, 2.5.6

Prière de saint François d'Assise

Seigneur, fais de moi un instrument de ta paix.

Là où est la haine, que je mette l'amour.
Là où est l'offense, que je mette le pardon.
Là où est la discorde, que je mette l'union.
Là où est l'erreur, que je mette la vérité.
Là où est le doute, que je mette la foi.
Là où est le désespoir, que je mette l'espérance.
Là où sont les ténèbres, que je mette la lumière.
Là où est la tristesse, que je mette la joie.

Ô Seigneur, que je ne cherche pas tant à
être consolé qu'à consoler, à être compris
qu'à comprendre, à être aimé qu'à aimer.
Car c'est en se donnant qu'on reçoit, c'est en
s'oubliant qu'on se retrouve, c'est en pardonnant
qu'on est pardonné, c'est en mourant qu'on ressuscite
à l'éternelle vie.

Prière pour les vocations

Très saint curé d'Ars,
intercédez auprès de notre
Seigneur Jésus Christ
pour qu'il nous donne des prêtres.
Demandez-lui de nous donner
de saints prêtres,
qui nous enseignent sa Parole
et nous administrent les sacrements.
Priez le Seigneur
qu'il appelle des jeunes à le suivre,
pour servir son Église et nous guider vers lui.
Très saint curé d'Ars,
veillez sur nos prêtres
afin que, par leur exemple,
ils fassent réflechir chacun à sa propre vocation.
Amen.

Achevé d'imprimer en février 2015 en Espagne par Cayfosa
Gravure : Point 4
N° d'édition : 15083

« Loi n° 49-956 du 16 juillet 1949
sur les publications destinées à la jeunesse. »
Dépôt légal : mars 2011